Alejandra Castro González

COFRE DE AMOR

2018

ISBN – 13: 978-1722084530

ISBN – 10: 1722084537

**CATALOGING IN PUBLICATION DATA/
DATOS DE CATALOGACIÓN**

**Castro González, Alejandra, COFRE DE AMOR
Peñuelas, PR 2018.**
Literatura puertorriqueña/Literatura Hispanoamericana/
Poesía/Verso Libre, Puertorican Literature/
Hispanic-American Literature/Poesía Verso Libre

castroalejandra842@gmail.com
Facebook: Alejandra Castro

DISEÑODE LA PORTADA:
Arte realizado por Ramón Esteban Rivera Cáliz

COFRE DE AMOR

PÓRTICO

a Alejandra,
que me sorprendes con tu poesía

Como botón de flor
el que de un hálito de vida surges,
tu imperceptible latir
se va transformando tiernamente
en formas de la luz de la palabra
y capullo se hace
de flor inigualable.

Sorpresa eres de rosa
de unos pétalos tersos que se abren
para mostrar tu numen bendecido
que va de flor, a la palabra, al verso
y muestran en su fuerza la poesía
que proclaman momentos
de tesoros guardados
que de la nada, fecundados por ti
conviertes en poemas.

Mi peñolana flor de la poesía,
tuyo el espacio porque eres Poeta.

Eduardo R. Bobrén-Bisbal
Editor del poemario

DEDICATORIA

A mi profesor

Nelson Andrés Báez Milán

Por siempre creer en mí, por alimentar mi hambre por la música y la literatura.

Por contagiarme con su tenacidad a la hora de perseguir mis sueños.

y

Al poeta

Eduardo Bobrén Bisbal

Por leer mis poemas

y hacer posible mi sueño grande de publicar mi

primer poemario en mi adolescencia.

Gracias Eduardo por confiar en mí.

PRÓLOGO

La palabra como instrumento medidor de emociones y vivencias en las manos de un alfarero es lo que verán en este poemario. Una talentosa joven, que desconocía de su gran habilidad para jugar con las palabras y transformarlas en arte que alimentar el alma, es la autora de este grandioso libro. Usted lector, encontrará variedad de poesías con las que se identificará y de seguro expresará: "*es lo que siento, pero no sabía cómo decirlo*".

Este poemario está lleno de emoción, inteligencia, perspicacia, empatía y abundantes destrezas de lingüística que lo dejara en éxtasis y hambriento. Sus emociones comenzarán a tener rostros y a ser identificadas de una manera inimaginable.

Alejandra Castro ha fluido con libertad de palabras en sus escritos. Le da un tono mágico y único a su manera de ver el mundo y de expresar las emociones que con tanta dificultad a muchos se nos hace identificar y expresar. Su talento, aunque enorme, aún esta en el proceso de desarrollo. Tener en sus manos su primer poemario es un gran privilegio y una gran ventaja de vida.

En lo personal me siento sumamente orgullosa de que una joven a tan tierna edad utilice las palabras con tan gran elocuencia, convirtiendo palabras simples en complejas, palabras comunes en mágicas y palabras altisonantes en sentimientos profundos.

Al adentrarse en la lectura podrá identificar la esencia de la autora, con una lírica que solo a ella la caracteriza. Le puedo asegurar que disfrutará de un viaje espectacular entre letras, paisajes dibujados con frases, aromas asomados entre versos y destellos de luces intermitentes que exaltaran su interior al degustar de tan mágico arte hecho poesía.

Arivette Febus
Poeta

PALABRAS DE LA AUTORA

Comencé a escribir poesía porque era la única manera en que podía expresarme en total libertad. A través de hacer versos, encontré la forma para contar muchas experiencias, sin tener algún límite a la hora de transformarlas en poesía.

Es que la mayoría de los poemas de COFRE DE AMOR están escritos desde experiencias ajenas, las cuales decidí pasar por el crisol de la poesía. Estos poemas están llenos de mucha ficción poética y son situaciones las cuales he podido ver, en la lejanía de mi ser, y me las he apropiado.

Sustentada en crónicas de amor ajenas, procedí a plasmar el sentir, los dolores, las vivencias y las esperanzas de cada una de las situaciones que me llegaban.

Cada uno de los poemas contienen historias y sentimientos distintos y son el resultado de la emoción que me causaron.

Recogí anécdotas que quise convertir en poesía, escuché las palabras del desaliento, le di abrigo a situaciones del desespero y de la desesperanza y logré convertirlas en los poemas que se incluyen en este primer poemario.

El buen lector entenderá y sabrá disfrutarlos.

Alejandra Castro González

I

ARBOL

Mis raíces

Mi tierra,
allí nació un grito y un lamento,
carcajadas que pasan por el ojo de un huracán
y una historia moldeada con sudor, caña y sangre.
Mi pueblo,
sagrado y partícipe de mi nacimiento,
conjunto de estaciones que claman por piedad,
junto con el profesor que exige su libertad.
Mi patria,
donde la vida sabe a sal de mar
y a los estampidos de los cañones.
Mis refranes,
dichos por aquellos que hicieron de mi cuna
mi espacio eternal.
Mis heridas,
curadas con los hijos del café,
mi niñez embalsamada de cocos y güiros
y mi inocencia encontrada en el vientre de la brisa.
Mis caídas,
juegos de los primos con las hazañas,
cura del dolor que causó un temporal.
Mi isla,
cuerda al corazón que levantó
gota a gota una bandera de calma,
franjas rojas y blancas adormitadas
sobre una perla que descansa en el mar.

Quisiera ir a la luna

Quisiera ir a jugar a la luna...
donde vive el silencio,
donde viven los hijos de la calma,
y donde duermen las hojas del espacio.

Quisiera ir a jugar a la luna...
donde el hambre es devorada por el amor,
donde la resiliencia yace como ninguna,
y en donde la lástima perece con vigor.

Quisiera ir a jugar a la luna...
donde está mi niñez guardada,
donde están guardadas mis carreras que son solo una,
y en donde no hay una bandera derrotada.

Quisiera ir a jugar a la luna...
donde se rinde el padre del *"quizás"*,
donde se muere cuando se vaya
la inmortal felicidad a la laguna,
y en donde se ama
cuando caen manzanas, porque no morirás.

Quisiera ir a jugar a la Luna...
donde se cumplen sueños con la gravedad,
donde hay esquinas con la sal de mar,
donde el pecado capital es insensibilidad.

Quisiera ir a jugar a la luna...
donde sequía no existe en ningún lado,
donde la sed se dobla cuando por ella se camina,
y en donde hasta las flores obedecen a Dios sin pensarlo.

Quisiera ir a jugar a la luna...
donde se casan el frio y el calor
donde se escapan flechas de opresión sobre ira,
y se saca lo tibio con un solo calón.

La noche

Noche,
tú que eres la brisa de su pulmón
la caricia de su templo,
su confidente inmortal.

Noche,
tú que tejes sus sueños
en abril al enterrarse la noche,
que bailas con calma en sus pesadillas.

Noche,
tú que con nanas lo sosiegas,
que con lágrimas lo llenas de júbilo,
que con una perla le iluminas.

Noche,
tú, lluvia de diamantes
en las hijas de las palmas,
que arrullan a las olas.

Noche,
tú que limpias sus gritos
al sentir que su mundo se le va por la boca,
insistiendo que eres finita.

Cuéntale que aquí estoy yo
esperando por sus lágrimas en mi hombro
y buscando su risa en tu principio.

Cuéntale que soy distinta
porque soy real de quimeras y verdad
entrelazadas con tenacidad.

Cuéntale que no hay segunda hambre
en mis palabras con sabor a poesía,
que mis caricias no son efímeras.

La cama yace vacía

Dos alas de un mismo ángel cayeron con el alba,
un momento que quedó plasmado y preciso,
lluvia que se quedó eternamente fugaz en el firmamento,
corazón que descendió en un salto al dolor.
corazón que saltó del dolor cuando descendió.

La cama habita vacía de un perfume de calma,
yacen despiertas las sábanas con un olor a noche,
no hay regla que mida la nostalgia,
ni cuerpo que olvide dormir en su almohada.

La cama habita vacía de su solemne presencia,
un encuentro en desencuentro con la ansiedad
un desencuentro que se encuentra con su ansiedad,
mientras trato de encerrar el silencio que me devora,
caliginidad me cubre la serenidad.

Una navaja que me ha rasgado parte de la historia,
una tarde salvaje que se llevó a el polvo,
un final que tuvo un comienzo con el sonido de un
cuerpo cayendo,
un aniversario que ha sepultado con tierra y flores mi
vida.

La cama yace vacía de un linaje sin lágrimas,
otra herida que tinta de sangre un amor trascendental,
llanto que hace un charco en el buró,
pena que va comiendo a todo mi cuerpo.

La cama yace vacía de la culpa sin padres,
de la tierra sin un buen agricultor,
del aire sin la presencia divina,
de un cansancio hasta el fin.

Una red cosiendo el agotamiento,
nunca será el retazo que resuelva a la estocada,
un nuevo techo sin una pizca de llovizna,
siempre será lado mediocre de la hipocresía.

La muerte

Plaza vacía encima de mi mundo,
que comes sin hambre sobre mi mesa,
y el oleaje que posees, suda sobre mi frente.

Trastero sin fuerza que refuerza la mortalidad,
porque entre la mordida eres imprudente,
pero al final eres dictadora de una rosa negra
que anda con espinas.

Almanaque que asusta hacia mi espada que no cuenta
fases lunares,
y es que en cada retazo no pierdes apetito;
como si el aire fuera tu enemigo
en una cúpula de cristal.

Fina fibra de polvo y cuarzo
que te vives de inerte y descalza,
como si en mi línea fueras sigilosa trayendo agua,
como si de silenciosa fueras capaz
de salpicarme con mares de sangre.

Hielo que ardes como el último verso de mi boca,
que contemplas con envidia a mis ángeles de la guarda,
y luego los seduces inconscientemente a tu regazo.

II

NIDO

Quiero

Quiero un lienzo para pintarte un universo rojo,
necesito respirar una canción para poder hacer de tu
silencio mi voz.

Quiero un golpe de calor para descongelar las ansias de
amarnos
quiero tu alma para arrancarte la niebla.

Quiero una noche para hacerte un mural de amor en tus
pies,
quiero mis manos para tatuarte caricias en la piel.

Quiero unos pasos para resbalarme hasta tus labios.

Sin cobardía

Enséñame los surcos
que empujan a colgarme de tu cuerpo.

Muéstrame las orillas
que colindan en tu pecho.

Dame el calor de tu voz,
las lágrimas del escaparate.

Quítame estas ganas
de renunciar a tus labios.

Bríndame tus manos
que hacen madrugadas en los lienzos.

Sin asunto

En la mañana floreció un amor como lo hace una flor,
una caricia que al viento despertó
sin saber qué es el miedo ni el pudor.

En la ciudad se formó un tornado de caricias y azares,
que en la noche callaron puertas y ventanas
con la condición de no despertar altares.

Abril les vio desnudos sobre el candil del éter,
sin censura fueron avanzando hacia el invierno
hasta alcanzar la montaña libre de errores cometer.

Llegaron al centro de la Tierra sin permiso pedir,
firmaron un firmamento libre de envidia y dolor,
libre de lisonjas mentirosas vacías de todo romance a
existir.

Se metieron entre sus voces recíprocamente,
de sus gargantas bebieron litros de promesas
que hasta sus nombres espadas y capas crearon de
frente.

Ni siquiera la vergüenza toco su piel,
pero no hay código que permita al polvo quedarse
encerrado en sus discusiones con sabor a hiel.

No había sol ni galaxia que desterrara a la felicidad.

Eres tú

Eres mi abrigo
en las risas de otoño
hasta las carcajadas de primavera.

Eres hoguera
en las montañas más abrumadoras
que me queman con hielo.

Eres mi espera,
un regalo que descendió del cielo
para llenarme de flores.

Fuiste el alma
que me trajo primaveras y mariposas
a través de una paloma mensajera.

La verdad

Te digo que somos dos guerreros jugando a amarse,
te digo que cuando cambies de piel
encontrarás mis promesas en tu carne.

Te digo que no somos cobardes en el intento,
te digo que somos dos veranos recíprocos.

Te digo que estoy desnuda y a merced de nuestra verdad,
te digo que no tienes que salir corriendo a Casiopea.

Te digo estoy esperando que tu boca sinceridad destile,
te digo que estoy en calma esperando reflexiones amor.

Es verdad que curaste mis prisas con besos,
verdad es que he sabido mandar a mil años luz las frustraciones.

La verdad es que somos más que amigos enfrentándose al destino,
la verdad es que curé tus intentos con laureles.

La verdad es que aquí triunfó el amor en barricada,
aquí triunfó este amor sobre quien quiera que quiera rompernos.

Deseos

Deseo merendar de tus labios en marzo,
poseerte la boca hasta morder tu encanto.

Deseo enardecer de placer a tu oído
abarrotar tu cuello con mi cara.

Deseo estar en tu cuerpo como el sabor de tu piel
deseo desayunar tus besos con sabor a café

Deseo desbordar tu alma de loca
deseo encandilar una canción por la cascada de tu cuerpo.

Deseo bordar versos de locura con mis uñas en tu espalda,
deseo pintar a tu cuello con primaveras y poemas.

Deseo desembarcar en lo que quede de tu noche,
deseo sin reproche a tu audacia llegar.

Deseo tus manos como caricia en mi carne,
deseo tu silueta y a la par tu perfume.

Deseo ser la copa que recoge tus lágrimas,
deseo ser supernova que ilumina tu vida.

Tus ojos

Tus ojos,
brillante como el alba predecible.

Tus ojos,
derroche de la luz de nuestro amor.

Tus ojos,
destellos del infinito en la noche.

Tus ojos,
llamada de tranquilidad en este infierno.

Tus ojos,
mar abundante de la calma y la risa.

Tus ojos,
abismos de insensatez y de locura.

Besos del río

Y así es como están en el agua tus besos
estancados en tu paraíso fresco de flores,
lunas traviesas, labios de plata, besos de río.

Este día me hace sentir escalofríos
al pensar en tus perlas indelebles,
y en tus suspiros a quemarropa que arrasan con mi
inspiración.

Hay una sombra que ha arrasado la humedad de mi
cordura...

Besos de río, así los he nombrado,
mientras liquidan a la extensa sequía
que duerme en mi alumbrado.

Son tan letales como inundación en mis labios,
pero así los prefiero, los prefiero así,
y que me corten la boca con la indiferencia y la
requesedad.

Te prefiero extremadamente fuera de cualquier adjetivo,
a que andes fugitivo en mis poemas,
a que andes efímero en mis sueños.

Y así es porqué te has convertido en besos de río,
te quiero así entre la primavera,
y el caudal que se ha impregnado en ti.

Y así es como soy abril,
esperando un aguacero de mayo,
que venga contigo y dibuje risitas en mis manos.

Me gustas

Me gustas cuando bailas al compás de sonrisas,
cuando tocas guitarra a la cara del sol,
cuando veo en tus ojos el café pendiente de la mañana,
cuando dices adiós con corazón en noria.

Me gustas cuando aconsejas
con un retal de algodón en tu lengua,
cuando atraviesas el ocaso con tu aliento,
cuando conviertes el día en una aurora,
cuando besas mi mejilla con tu mejor fragancia.

Me gustas cuando tu salero me separa de la almohada,
cuando muere un alba en el hombro de la tarde,
cuando tiemblas y cuando me miras,
cuando eres mío en Marte.

Naufragando

Amamos tanto a fuego lento,
que todavía siento la ceniza como escudo,
y la añoranza como una bandera.

Sigo aquí naufragando como tinta en el papel,
naufragando como vaga idea de escritor,
sin tu métrica ni verso que responda.

Con sogas amarro tus besos a mi piel,
con cintas adorno tus recuerdos,
con tristeza a los besos que has dejado dar.

Vivo aquí naufragando entre todo y menos tú,
naufragando entre la corriente y la soledad,
mantengo una esquina de hipocresía entre tu cara y la felicidad.

Laureles no sirven a recompensar
la caricia que mima la memoria,
son tan distintos el silencio y la verdad.

Choco naufragando contra tu pensamiento,
naufragando entre la esperanza y tu falta,
mirando el fuego que abrasa la montaña...

Envidia

La primavera salvaje es bella y es efímera,
tan sutil que debería tenerle miedo con el solo surco de opacarla,
de apuñalarla, con la lluvia de arroz en enero.

El verano es tan audaz como amedrentado por fantasmas,
la envidia pasa guardada en un bolsillo sin dolor,
y la codicia hace poner el hielo en la mesa.

El hielo no debería estar en la mesa cuando hay flores que ríen,
ríos que aman a los pies de la tormenta,
y naranjas que están segregadas del plástico.

El hielo no debe estar en la boca cuando los besos bailan,
cuando el deseo está a flor de piel en el campo.

Me robas el sueño

El ventanal sabe de las caricias rotas
que caben sobre una piel demente,
y de un aliento que camina descalzo.

La madrugada agarraba al alba
para que la luna no poseyera la mañana
y el sueño no se fuera a morar hacia la fantasía.

El insomnio es letal
cuando se mezcla con las memorias
más tangibles de tus labios.

Las velas vieron
mi vigor desvanecerse al escribirte tantas cartas
que la debilidad reinó a la hora de enviártelas.

Es tan amargo no poder dormir
porque simplemente te llevaste mi sueño hasta la
alborada.

Mis pestañas han olvidado besarse,
es que el verde de tu mirada
tiñe mis noches con desvelo y llantos.

A la espera

Tus labios se han hecho confidentes de la duda,
que aquí al lado de mi corazón duele cuando en los míos floreces.

Cuentas tus palabras como crónicas de una guerra,
que caen como Niágara filoso por mi piel.

Un sufrimiento desciende cuando tu cuerpo se hace barricada de mi sudor,
es mi Santa Inquisición el silencio que no has roto con tu abrazo.

Piensas colindando en medio de tanta locura sin razón,
pero no te arrepientes cuando haces ruidos callados con tus manos.

Busco las consecuencias de oír cómo te mezclas con la lluvia y el aceite,
sortilegio que simplemente me libere de cadenas internas.

Yo que te amo

Yo que conocí tu cuerpo
que nunca se hizo extraño.

Yo que acaricié tu paisaje
y toqué tus adentros como poeta y patria.

Yo que te amé con cuerpo y alma,
y te inmortalicé en mi vocación.

Yo que te sentí en tus arrebatos
en mi cara y en mi pelo.

Tú que le dabas sabor
a mi vida con tus mares agitados.

Tú conseguías colocar rigor
en cada parte de mi existencia.

Tú ponías atardeceres rutilantes
en mis naufragios y frustraciones.

Tú, que dentro de ti
yacen todas mis musas.

A mí, que me duelen,
tus heridas cuando sanan, pero no curan.

Yo que siento cada lágrima
que cae sobre tus crónicas y leyendas,
yo que veo a cada segundo
como la neblina arropa a tu azul intenso,
a mí, que me frustran
que tus latidos no me sean recíprocos.

Yo que te amo más que al aire.
Yo que hice de ti mi esencia pura,
yo que necesito de tu arena para tocar fondo,
yo que te necesito,
más que a los pies puestos en la tierra.

Piel con piel

Estamos aquí,
desnudos delante del crepúsculo,
piel con piel, con los relámpagos de testigos,
sin ropas, sin reproches, sobre la almohada.

Estamos aquí,
juntos a la noche de delirios,
carne con carne al pie de la primavera,
las ropas se han convertido en parte de la hoguera.

Estamos aquí,
formando parte del pedernal,
piel con piel contra fuego
en el suspiro del edredón,
hay en el balcón serpientes
esperando a que demos pasos en cero.

Estamos aquí,
piel con piel
sin nada que esconder,
con una canción que muere en tu lengua
y la poesía que, desde ti, se rompe en mi boca.

Fuego

Mira cómo oscuridad nos seduce,
cómo la noche nos tienta a la vereda entre el fuego y el amor.

Siente la dulzura de nuestra piel,
mira cómo el humo vuela a los labios del mar.

Escucha cómo arde la luna a través de tu tez,
cómo ignoramos al mundo partiéndose en dos.

Expresa esta locura
en el olor a cítricos que brota de tu cuello,
entre el calambre que vive en tus dedos.

Escupe el deseo que cae por tus pestañas,
el deseo que cae por las riberas de tu cuerpo.

Mira cómo se tambalea tu cordura mediocre,
cómo las yemas de tus dedos se vuelven miel
a punto de ebullición.

Podemos aplacar a la piel antes de ocurra
un fuego forestal por tus ojos,
si quieres podemos hacer de la tierra nuestro infierno.

Caricia mojada

Del sol desciende una caricia mojada para dos,
va como huérfana buscando hogar.

Va de piel en piel, pero sigue sintiendo desgracia y sequía,
sigue peregrinando en inviernos hallando solo soledad.

Asciende hacia la luna, encontrando hijos de nadie
que tienen sentimientos tan puros como la inocencia.

Pobre caricia sin prólogo ni dueño,
con tanta ilusión desperdiciada.

Esa caricia tan tenaz sigue buscando ríos,
buscando tanto calor inexistente y abundante al mismo tiempo.

Tiene destino entre tu piel y tu anonimato,
aun así, no reconoces que la caricia te llama a gritos.

La caricia en sí te llama a gritos,
más eres un necio empedernido.

Bendita caricia mojada y peregrina
que te encontró descendiendo del sol.

Desamor

Entre la almohada y el edredón
duermen mil lágrimas de sangre
que se ruedan al colchón.

Entre el sueño y el insomnio
renace la antigua soledad
que se apodera de mi tristeza cual demonio.

Entre la asfixia y el silencio
vive solemnemente desesperación
que roza constantemente por mi herida.

Entre las lisonjas y las hórridas cicatrices
vive un dosel de horas austeras
que causan en mí grises matices.

Sin prisas

No me digas que todo vale nada,
no me digas que todo se regala al olvido.

No me digas que fue un sueño,
no me digas que es infeliz la mañana.

No me digas que la primavera nos engaña,
no me diga que para ti esto es pura huida.

Mejor dime que un *"siempre"* pesa más que miles de *"nunca"*,
mejor dime que hoy un café cubano remedia los dos tequilas de ayer.

Mejor dime que vivimos en un mundo paralelo de nubes,
mejor dime que un alba vale más que cien arcoíris.

Mejor dime y mátame con la franqueza de una tormenta,
mejor dime este amor nos sirve para ponerlo en la rutina de los suburbios.

Mejor larguémonos por el universo a las tantas de la madrugada,
mejor contemos nuestros dedos por cada victoria.

Tus promesas

Tus promesas eternas me enervan
cada vez que tus ojos las expresan
luz que no logro apagar.
Tus promesas eternas me frustran
cuando no encuentro sentido
al tornado de hormonas que en
tu vida va retozando.

Tus promesas eternas me hastían
justo cuando veo caer la oscuridad de tus palabras
con un peso que duele en el alma.

Tus promesas eternas me revientan el corazón
cada vez que piensas que eres el Universo entero
y dejas que tus palabras errantes me lastimen.

Besos divididos

Aquel beso nuestro que rompía un silencio,
se ha quedado colgando en el pasado,
ya no hay ninguna coartada al llegar
a las tantas de la noche con un perfume desconocido.

Aquel abrazo que olía a violetas,
se ha manchado con gardenias de otro jardín,
quedando una sucia morada.

Aquel suspiro se ha quedado en la cama
esperando un valiente que lo arranque,
no seré yo quien arriesgue su sosiego
por besos divididos

Caricias sin retorno

Tengo ganas de llegar hasta tus labios,
jugar debajo de tus pestañas,
que seas la amalgama de mi debilidad
que seas algo más que un silencio fabricado.

Esta locura hace desastres en mis sueños,
que se llenan de tus sonrisas,
y hace que quiera darte caricias sin retorno.

Tengo ganas de amarte en los ruidos,
cortar un amor unilateral que me devora,
crear quimeras con tus besos…
pero tenerte cerca, ¡ya es utopía!

Tulipán

Recuérdame,
cómo los hilos de mi voz tejieron tus harapos.

Recuérdame,
como la manera en que te gustaba acariciar a mis versos
en la arena,
como la canción que rompió tus uñas al gritar una nota.

Recuérdame,
en el momento que no te quede sangre como tinta.

Recuérdame,
que yo siempre estaré en el alba velando tu sueño,
que yo seré el tulipán que se desliza matutinamente en
tus recuerdos.

Recuérdame,
cual aguacero insistente cada año,
cual carcajada que sea pilar de tu felicidad.

Recuérdame,
durante el romance de la tarde y el día que se deshace,
o se derrita la nieve que cae en tu ventanal.

Recuérdame,
en el tiempo los corazones jueguen mientras el tulipán
baja a las olas,
en el tiempo en que sientas mi presencia acariciar tus
pestañas.

Cuando sueñes con que despertarás,
cuando la madrugada te ataque con pesadillas.

Cuando te urjan mis refranes,
cuando me sueltes y encuentres.

Me haces falta

Cuando sales de noche me haces falta,
cuando despiertas envidio a tu perfume, por perderse en tu cuello,
cuando estoy feliz me haces falta como serpiente a su veneno.

Desde entonces me haces falta cuando las musas me llueven,
cuando el viento en silencio deja de soplar,
luego me haces falta como bolero al amar en medio del atardecer.

Te echo de menos cuando amo encantada,
cuando corto flores, cuando llega el verano inesperadamente,
aún me queda algo de tiempo para extrañarte en toda mi vida deshabitada.

Quiero vivir en tu pecho como perla y mar,
permanecer en tu voz como lo que restó el dolor,
más todo se lo debo al extrañarte sin pensar.

Me haces falta cuando las flores gritan por un aguacero,
cuando llega un pretexto para el insomnio,
cuando en mis sueños bailo en mi huida de toques internos.

Me haces falta cuando amor es implacable en nuestra historia,
me haces falta desde que nacimos para morir iguales,
desde que nos llevamos la gloria en una noria.

Me haces falta desde que el papel se volvió mi confidente,
desde que huelo tu aroma en mi mejilla,
hasta que la poesía hace de mis mañanas vista hacia el frente.

Me haces falta y extraño cuando me acaricias,
y por las noches que nos escapamos sin mirar adversidad,
me haces falta porque eres el amor de mi vida.

Recuerdos rotos

En el espacio que habitamos
solo viven lágrimas y ecos,
brillan los recuerdos
y los momentos de su ausencia.

En el aire naufragan las palabras de amor
que en algún momento estuvieron
escondidos en tu boca.

Bajo mi piel duerme la espera
de una caricia en la madrugada.

En tus manos quedaron restos de mi vida,
que ahora intenta desatarse de los besos
que jamás quisieron salir de tus labios.

Se me olvidó olvidarte

Freno en seco ante tu recuerdo,
con mi piel erizada
ni miles de flores se comparan contigo,
ni mis versos lo saben.

Intento a máxima expresión el olvido,
las ecuaciones no bastan para despejarte,
las direcciones terminan en tu lugar,
pero las piernas me fallan en este camino de retales y jirones.

Si quieres saber del vuelo,
tal vez del despegue,
busca en tu tez lo que yo nunca olvidé,
quién sabe cuánto pequé porque se me olvidó olvidarte...

Quién sabe del giro en la vida,
de las alegrías extraviadas,
tal vez sea el beso que de desayuno no te di,
o tal vez fue simplemente que se me olvidó olvidarte...

Puede ser la grieta y no el final,
qué se sabe de la caricia que el sol se robó,
qué le pasó al amor, que se me olvidó olvidarte...

Si me preguntas que escondo bajo el brazo,
si me acompañas, mis mejillas pondré,
pero yo solo quería tus labios,
pero yo sólo busco lo que se me olvidó… al olvidarte.

Otra historia fallida

Llueve en el exterior y siento las gotas aquí,
y un ruido ensordecedor que acaba con todo el silencio
que tú y yo fabricamos.
Fuimos de todo en un jardín de emociones,
fuimos la pausa en medio de la niñez de la tristeza.

Somos más que dos enemigos que peleando
junto al invierno de esta intriga,
somos dos que aguantan peleas y muertes por el orgullo.
Dos idiotas que les duele el aguacero por culpa de los
recuerdos,
y aunque amábamos bailar bajo el cristal,
nos aguantó el pavor al fracaso.

Precariamente nos transformamos
en segunda opción de la felicidad y su compuesto,
inevitablemente ahora somos sombras
que se esconden en los gritos de un recuerdo.
Mas ahora estas guerras están malditas a no tener tregua,
mas no hay verso que nos acompañe a el sosiego de
nosotros dos.
Debimos haber encontrado la cura,
pero se nos rompió el frasco del antídoto durante el
camino,
podíamos hablar del amor sin romper el honor,
y ahora a leguas se nota que la costumbre nos llevó al
odio.

Nos debemos otra vida fuera del ruido y alejado de la lluvia,
nos debemos otra vida con otros destinos.
Ahora solo podemos hablar de la distancia
que corre los recuerdos en este camino,
ahora solo somos otra historia
que falló a ser contada en el amor.

Tu astucia me sorprende

Te atreves a comer y luego tirar sin pudor la basura en mi fértil tierra,
te di todo y más de lo que pude tener en el pecho,
te di del corazón lo que no agrada a la razón
te di la inmensidad del mar en una lágrima.

Te atreves a decir que soy tu trastero,
cuando el mundo es de cemento,
cuando eres tú quien se esconde en la axila de la cobardía,
cuando eres tú quien se cae por las prendas de mi dolor.

Te atreves a escupirme la cara,
y piensas que te quepo en tu boca,
y crees que di de lo menos mucho más,
y que ironía que pienses que mi cuerpo
no se pueda quemar con otro infierno.

Si supieras

Si supieras
cuántas páginas he quemado
para que no dejes sal en mis heridas.

Si supieras
cuántas tormentas he invitado a conocer mi corazón,
para que arrasaran con todas tus caricias huérfanas.

Si supieras
cuántas noches he rechazado solo para ver
cómo las horas juegan sobre mi sueño muerto
al borde de la ventana.

Si supieras que no sé escribir de otra cosa
que no sea de la intensidad de cómo te deseo,
que la distancia que me separa de ti
por tus senderos que poseen más canas
que juventud.

No puedes olvidar

Sabes bien esconderte en mi piel,
atraparte en mi alma sin que me dé cuenta,
sin que a pesar de los años dejes de ser un clavo en mi ser.

No sé cómo le haces para impregnar tu olor en mi ropa,
para que mire al cielo y pueda ver tu pasión que me eriza la nuca,
sin pensar en llegar a casa y romper las paredes que te han visto.

Tu amor ha sido un silencio prisionero de primaveras y cuatro lustros,
diciendo cosas cada vez la espada de tus recuerdos me atacaba,
alejándose de mi cama hasta encontrar morada en otra hoguera.

Las despedidas no le sirven al deseo ni a la resiliencia,
que van sin rumbo abrazando cada mota de polvo besado por ti,
resucitando con electricidad mi ansia.

No he encontrado el caso de esta historia,
hasta le he perdido el sentido a correr por tu acera,
y prevalecer entre líneas en un libro.

Recuerda que el mar estuvo presente cuando a mi piel llegaste,
porque voy descendiendo y caigo por la luna que nos bautizó,
y tú... y tú no puedes olvidar que descansamos entre el labio del mar y el sol.

Para olvidarte

Para silenciar a mi conciencia tuve que tomar inviernos de otra piel,
sentir que ya estabas ahogándote en una parte de mi olvido,
volver a temblar y pensar que ya no existías en mí...

Para arrancarte de mí tuve que presumir de miles de primaveras a flor de piel,
hablar con gardenias del jardín teniendo al tulipán clavado en mi pecho,
escuchar como las horas me devoran al querer desterrar tu recuerdo...

Para tratar de olvidarte tuve que plantar besos ajenos a ti, en mi boca,
tocar más ríos que no llegaban a mares,
eliminar de mis calles tus huellas en los segundos después ti.

Siempre un clavo sin proponérselo te hundía aún más a mis latidos,
una vela no consigue acabar con la hoguera que dejaste en mi alma,
un suspiro no logra sacar el siroco que dejaste en mí.

Porque eres indeleble y jugué a no quererte, estoy muriendo,
no eres algo que elimines cuando acaricias otro cuerpo,
eres el sol, el sol que sigue impregnado en mí y no se quiere ir.

No puedo seguir sintiendo como vuelas y yo sin moverme, aquí,
acudiendo a tu recuerdo e inyectarme de él como si de morfina se tratase,
callando esta culpa de saber que estamos muertos en vida.

Me queda claro que eres un canal imprescindible en el río de mi cuerpo,
que jamás en ninguna de mis pesadillas tú te irás,
porque te amo y tal vez algún día te pueda ver venir...

La última noche

Esta será la última noche
con sabor a tu boca.
Esta será la última vez
que te deje la puerta abierta.

Esta será la única vida
que consuma sobre tu cariño.
Esta será la única guerra
que haré entre el mal y la verdad.

Buscaré salir al mar
sin tener que pasar por ti.

Buscaré desembocar al otro lado de la ciudad,
buscaré el tiempo que perdí encontrándote.

Buscaré el candil que otro ilumine,
buscaré otro perfume que se adueñe de mí.

Buscaré otra voz para despertar con susurros,
buscaré otro traje desnudo de tu sonrisa.

Tú y yo

Llegamos a tiempo los dos,
vaciamos las promesas rotas,
llegamos y todo fue volver a nacer.

Tómame a tu voluntad,
puede que me enamore hasta del cansancio,
hasta del sudor de tu piel.

Mira cómo grita el cielo,
mira cómo truena el pasado entre nosotros
mira nuestras caras empapadas de sinceridad.

No hay atrevido que nos enfrente,
no hay quien dude dentro de un alba,
no hay grito de dolor a través de esta nueva vida.

Siente cómo toca el corazón,
escucha cómo suena este amor,
cómo nos encontramos en el centro del Universo.

Salimos libre de pecado,
lanzamos la primera piedra al azar.

III

VUELO

Mantra

Te deslizas con el canto de las aves
en mis sentidos más sutiles,
hasta llegar al borde de mi alma
y hacer un jardín de soles y alegrías.

Haces que pueda tocar el cielo
con tus manos de luz de luna,
entre tus dedos hechos algodón
y tus besos dueños de mi sensatez.

Desatas poco a poco las cadenas
de mi pasado más hostil
haciendo de mi futuro
noches que penden de mi presente.

Eres mi pensamiento más caudaloso
entre los desiertos de mi corazón,
mi esperanza más tenaz *en mis tiempos de cólera.*

Musa salvaje

Tú,
musa salvaje
que no he logrado conquistar,
esa piel indomable
que algún día haré mía.

Tú,
mar desbocado
que no he logrado sosegar,
mundo errante
que en algún momento orbitaré.

Tú,
amor bravío
que me ha deslumbrado,
palabra de fuego
que me ha abrasado el corazón.

Profanación

Latían dos corazones entre una arboleda,
latían dos otoños al compás del mismo invierno,
latían dos pasados conjugados al mismo futuro,
latían dos mañanas en la misma escalera.

Volaban cinco mares hasta el mismo infierno,
veinte estrellas para el mismo purgatorio,
dos almas que rezaban por su salvación,
un juicio final que nunca llegó.

Venían dos amores de un mismo cáliz,
dos reinos de diferentes soberanos,
dos partidos de una misma patria,
dos ángeles de un mismo paraíso.

Seres implacables que se arrastran,
una delicadeza calada desde la escritura,
una belleza de un encuentro casual,
y un azar impertinente e imprudente.

Había una copa rota que profanamos con otra sangre,
había un juego entre nuestra historia y una lágrima,
había una línea desgarrada desde ayer en una canción,
había un adiós provisto que se llenó de ilusiones.

Mi amor

Fuiste mi eje y mi compás,
fuiste mucho más de lo que quise,
fuiste el albedrío contra mi instinto,
fuiste un cuerpo más allá de lo físico.

Pero esta es una historia de distancia,
de esas que te matan y te mantienen vivo con la esperanza;
pero esta es una historia que va más allá de las fronteras,
de esas en donde el amor hace regresar al pasado.

Eres mi casa y mi largo camino,
eres el que elegí para que me espere en casa al atardecer,
eres le energía que esboza risas por mis hombros,
eres el recuerdo que me ayuda a seguir caminando.

Pero esta es una historia con forma de corazón,
de esas que el cariño se ve en el aire,
pero esta es una historia con miedo de un "*jamais vu*",
de esas que lloran y bailan bajo las guerras.

No pudo ser

Busco tus pestañas acariciando a la luna,
porque no es fácil olvidar la lluvia que cae por tus hombros,
y el silencio ha hecho de mi historia miles de retazos.

No tienes la culpa del rayo de sol que nos alcanzó,
ni tampoco tienes la culpa de mis manos en tu cara,
pero el tiempo se inmortalizó y solo nos deja una canción....

Buscando tu piel en la cara de otra noche,
otro silencio que deje sorda a esta aventura,
y otro nombre que se quede con este derroche.

Argumentar contigo

Argumentar contigo es como echar cenizas al viento,
es como picar las almas en mil pedacitos.

Argumentar contigo es ofrecerle mi corazón al fuego,
es como amanecer en una celda.

Argumentar contigo es extrañar la tranquilidad,
es como ser piedad sin dolor y sin habla.

Argumentar contigo es como ir fuera de este planeta sin agua,
es como salir a El Espacio sin oxígeno.

Argumentar contigo es como amanecer sin alba,
es como partir mis ojos con cristales.

Argumentar contigo es como hablar con un hilo de voz,
es como escoger entre amar y respirar.

Argumentar es como caminar en la hoguera,
es como sentir sin piel.

Argumentar contigo es como vivir sin amor,
es como hacer sonar campanas en otra galaxia.

No me devuelvas

No me devuelvas lo que te di,
devuélveme lo que no fue.

No me devuelvas las sonrisas,
devuélveme las promesas hijas del aire.

No me devuelvas la dicha,
devuélveme la soledad.

No me devuelvas los recuerdos,
devuélveme el viaje hacia la resiliencia.

No me devuelvas los besos,
devuélveme la historia atada a un rabo de nube.

No me devuelvas la poesía,
devuelve la inspiración que aún queda en ti.

Alma nómada

Qué le habrás hecho al recuerdo que hasta ayer
tocaba la puerta de mi insomnio.

Qué le habrás hecho a las paredes
que escuchaban tus gritos y mis poemas.

Qué le habrás hecho a el agua
que no dejaste correr,

qué le habrás hecho a las estrellas
que perduraban en los pasillos de tus lunares.

Qué le habrás hecho a las noches de arena
que no imaginaste jamás,

qué le habrás hecho a las promesas
que nunca endeudé.

Dónde habrán quedado las primaveras
de marzo que marcaste,
dónde habrás tildado tu cifra de amor.

Dónde habrás colocado mi sueño de pared,
dónde habrás fijado tus ojos al amanecer.

Dónde habrás metido los inviernos hasta perecer,
dónde habrás encontrado la cura y la herida.

Dónde habrás elogiado tus veranos de montaña,
dónde habrás encontrado tu juicio final.

Hay mil maneras

Hay mil maneras de desmantelarse y volverse a armar,
porque yo le amé bajo un sol que brillaba por ausencia,
porque en mí, hay un frío de que su amor fue un
"*quizás*".

Hay mil maneras de amarse y volver a el mar,
pero en su pelo hay arena que muere cuando vive,
pero en su mirada hay un poema que escribí y tal vez ni
sintió.

Hay mil maneras de convencer y eludirse,
como aquella vez que supe que su aire era el mío,
como cuando el techo aún estaba aquí y él estaba
asustado en otra vereda.

Hay mil maneras de poner punto y caer en coma,
si él sabe que el mundo se detuvo cuando mi mente caía
en sus pestañas,
y quién sabe si nuestros astros eran unilaterales.

Historia

He guardado tu mirada
en mi bolsillo para poder gastarla,
he pegado tus ecos en el balcón
para que el huracán los lleve.

He puesto nuestros momentos
en el mercado para venderlos a
precio de bazar.

He tirado tus besos al viento
a ver si se rompen en las rocas
que se pierde en el mar.

He escrito nuevos poemas
que avergüenzan tus palabras rotas
que no han servido ni para lastimar.

He dormido en la cama de la luna,
donde hay una serenidad que aterra,
pero me ayuda a conservar tus recuerdos.

Resiliencia para un amor

Ya no estás junto al sudor de la mañana,
ni en la ventana que tiene desnudez.

En el fondo de mis ríos ostento soledad,
en mi llama solo habita confusión.

Siempre fuiste el abril de mi edad,
la luz que me guía por mis primeros pasos hacia la cima
del cielo.

Permaneces en el día que quemamos sin fuego,
en el manjar que desciende por mi garganta cada alba.

Eres lo más bello en el trastero de mis memorias,
y lo que me lleva a pintar con libertad.

Te mentiría si dijera fuiste sal en el hielo,
porque en su momento fuiste algo más que un alma.

Era preciso que las alas se apoderan del corazón,
más las raíces también son necesarias cuando germina
un amor.

Ya no queda una sonrisa en diciembre,
ni el viento grita como antes solía hacer.

En el fondo de mi garganta duerme un dolor sedentario,
en mi lengua quedan huellas de lo que éramos.

Siempre serás la musa de unos cuantos poemas del
pasado,
el primer amor transformado en vida latente.

Pasión

Todavía recuerdo la Luna adornando tu espalda,
mientras la noche pendía de un hilo a la orilla de la madrugada.

Estaba tu piel tan borracha que tropezó y cayó al delirio,
mientras que el sentido se hacía sumiso del azar.

Será que te has vuelto a perder en los laberintos de la pasión,
será que el deseo explotó y quemó a todo un cañaveral.

Decías tú que el viento sobornaba a la calma,
decía yo que el cuerpo es tan débil como el hielo.

Quiero apagar el incendio con tus labios,
mientras encuentro a un éter bienaventurado en tu piel.

Tan lejos de ti

Veo nuestros recuerdos desangrándose,
me convido a creer que me condena la noche.

Le otorgas perdición a mis labios amargos a tu tacto,
con arterias marchitas y todo tu ser muerto.

Se desborda el último aliento de mí hacia a ti.

Cerrando el silencio con un alma de oro,
me disfruto cada lágrima poética, inerte.

Respirando letras cantadas por trovadores del mundo,
disfrutando distancias, de ti tan lejos.

Ya no tengo tu sombra al pie de mi cama,
tú tienes ojos en las espinas de un camino desnudo.

Por más que luches con tus espasmos, te alcanzan el rostro,
mientras tu figura se clava en el amanecer del terror.

Lo increíble

No puedo creer que haya deglutido el mar de una sola estocada,
aun cuando sentía que estabas tú aquí mojándome la piel.

No puedo procesar que pueda ser ese pincel que dibuja sudor en tus ojos,
y que por consecuencia sea un reto bañarte de nuevo de dicha.

No intento retroceder a esa gana que se gana tu nostalgia,
ni amarrarte a mi ciudad que trae en sí, un sabor a huracán.

Porque no soy testigo de tu historia ni tu olor...

No merezco ser tu capricho cuando me llueves,
ni mezclarte con el sinsabor de mi adusta vida.

No soy trofeo suficiente para semejante alba,
porque cortar tu piel fue algo que nunca pude hacer mejor.

Mi amor eterno

Era día y era sol escondido entre mis manos.

Era luna y era abril atrapado en mis labios.

Era rubor y amor que se posaba en mi ventana.

Era cielo y era gris corrompiendo a mi soledad.

Era noche y era control que me descontrolaba.

Era la última caricia que jamás regresaría.

Era emoción y era poesía mientras acariciaba mi camisa.

Era atrevido y era hermoso mientras me manchaba de júbilo los días.

Era mil mares que escondía virtudes y modestias valientes.

Era filosofía en mi psicología

Era día y era sol escondido en mis manos.

Era mi vigilante y mi farol en la vereda.

Era lo que siempre quiso ser en mi vida.

Por si aparece el trastero

Repaso tus caricias
como si de un desamor se tratase
revoloteo sobre ti
y una lágrima amenaza
con romperme los ojos.

Ordeno tus recuerdos
por heridas, por momentos
y con una red de mariposas
atrapo tus besos.

Clasifico tus abrazos
entre eternos y dolorosos,
por si mañana aparece
un trastero donde pueda arrojarlos.

Efímero

Tan posible es que del cielo
llueva en mayo,
como tan probable es hacerte
llorar mientras callo.

Siempre fue un puñal
el susurrar de palabras
a base de poemas y silencios
mortales como ráfagas.

La voz activa nunca fue
perla en nuestro mar,
así como las canciones
nunca te hicieron temblar.

Las cartas vuelan desorientadas
como un reloj levógiro,
mientras los recuerdos
se extravían como locos
en el escaparate de mi alma.

Nuestra historia fue efímera
cual calma del ojo en la tormenta,
efímero como el segundo
que marca la despedida de un inicio.

ALEJANDRA CASTRO GONZÁLEZ

DATOS BIOGRÁFICOS

Alejandra Castro González nació en Ponce, Puerto Rico, el 23 de octubre de 2003. Son sus padres Wilsany González y Omar Castro. Es la primogénita de su núcleo familiar. La mayoría de sus años ha vivido en la ciudad de Peñuelas.

Alejandra cursó sus estudios primarios en la Escuela Ramón Pérez Purcell. Luego continuó sus estudios secundarios en la Escuela Intermedia Rafael Irizarry Rivera. En el mes de agosto de 2018 comenzará a estudiar en la Escuela Superior Josefa Vélez Bauzá.

A muy temprana edad comenzó su interés por la literatura, especialmente la poesía, y a los once años, comenzó a escribir sus primeros poemas.

Actualmente aspira a convertirse en una poeta que sea aceptada y leída por los amantes de la literatura poética puertorriqueña.

CONTENIDO

Se terminó la impresión de este libro

el 15 de julio de 2018

Made in the USA
Columbia, SC
28 September 2023